

ORDONNANCE DU ROY,

Portant Reglement pour le Payement des Troupes de Sa Majeſté.

Du 30. Decembre 1716.

A PARIS,
DE L'IMPRIMERIE ROYALE.

M. DCCXVII.

Du 30. Decembre 1716.

ORDONNANCE DU ROY,

Portant Reglement pour le Payement des Troupes de Sa Majesté.

Du 30. Decembre 1716.

DE PAR LE ROY.

SA MAJESTE' ayant depuis l'Ordonnance du dix Avril 1715. servant de Reglement pour le payement de ses Troupes tant Françoises qu'Etrangeres, fait divers changemens dans celles qui sont restées sur pied aprés la Reforme, a jugé à propos d'expliquer par la presente ses intentions sur le traittement qu'elles doivent recevoir; Et de l'avis de Monsieur le Duc d'Orleans Regent, Sa Majesté a Ordonné & Ordonne ce qui suit.

Que chaque Compagnie du Regiment des ses Gardes Françoises, à la reserve de celles des Grenadiers doit estre composée d'un Capitaine, un Lieutenant, un sous-Lieutenant, un Enseigne, six Sergens, trois Caporaux, neuf Anspessades, quatre-vingt huit Fusilliers & quatre Tambours, Et lesdites

Compagnies ſeront payées à raiſon de deux cens cinquante-cinq livres par mois au Capitaine, de quatre-vingt onze livres treize ſols quatre deniers au Lieutenant, de ſoixante quinze livres au ſous-Lieutenant, de cinquante-cinq livres à l'Enſeigne, de vingt-neuf livres trois ſols quatre deniers à chacun des quatre premiers Sergens, de vingt-ſept livres neuf ſols deux deniers à chacun des deux autres Sergens, de ſeize livres treize ſols quatre deniers à chaque Caporal, de quinze livres à chaque Anſpeſſade, de douze livres dix ſols à chaque Fuſillier, & quinze livres à chaque Tambour. Il ſera de plus remis trente ſols par jour au Capitaine pour appointer les trente meilleurs Soldats de ſa Compagnie; Et ledit Capitaine outre les appointemens ci-deſſus, recevra huit payes de gratification de ſix ſols huit deniers chacune par jour, lorſque ſa Compagnie ſera de cent quatre hommes, Et douze payes lorſqu'elle ſe trouvera complette de cent dix hommes, les Officiers non compris.

Les deux Compagnies de Grenadiers dudit Regiment des Gardes compoſées chacune d'un Capitaine, de deux Lieutenans, deux ſous-Lieutenans, deux Enſeignes, ſix Sergens, trois Caporaux, neuf Anſpeſſades, quatre-vingt huit Grenadiers & quatre Tambours, ſeront payées à raiſon de trois cens ſoixante livres huit ſols par mois au Capitaine, de cent quarante-ſix livres treize ſols quatre deniers à chaque Lieutenant, de cent livres à chaque ſous-Lieutenant, de ſoixante-treize livres ſix ſols huit deniers à chaque Enſeigne, de trente-trois livres ſix ſols huit deniers à chacun des cinq premiers Sergens, de trente-deux livres au ſixiéme Sergent, de vingt livres à chaque Caporal, de dix-ſept livres dix ſols à chaque Anſpeſſade, de quatorze livres dix ſols à chaque Grenadier, & de dix-ſept livres dix ſols à chaque Tambour; Et outre l'appointement du Capitaine, Sa Majeſté luy fera payer par gratification huit payes de neuf ſols huit deniers chacune par jour, lorſque ſa Compagnie ſera de cent quatre hommes, Et douze payes lorſqu'elle ſe trouvera complette de cent dix hommes, les Officiers non compris.

Le Major dudit Regiment recevra une paye de douze livres dix ſols par mois en chacune des trente Compagnies ordinaires,

ordinaires, Et une paye de quatorze livres dix ſols dans celles des Grenadiers.

Et le Commiſſaire à la conduite, une paye de dix livres par mois dans toutes les Compagnies.

A l'égard des Officiers de l'Eſtat Major dudit Regiment, ils continüeront d'eſtre payez de leurs appointemens ſuivant les Eſtats que Sa Majeſté en fera expedier.

Les Cadets que Sa Majeſté a trouvé bon d'entretenir dans chacune des Compagnies dudit Regiment, y ſeront payez à raiſon de quinze livres chacun par mois, Et ſeront compris dans les reveüës qui en ſeront faites par les Commiſſaires des Guerres chargez de la Police dudit Regiment, ſur les Certificats du S.r Duc de Guiche Colonel dudit Regiment, ſans que leſdits Cadets puiſſent faire partie des cent dix hommes dont chacune des Compagnies dudit Regiment doit eſtre compoſée, ni ſervir au Capitaine pour la gratification du complet.

Chacune des Compagnies du Regiment des Gardes Suiſſes du Roy, eſt entretenuë à cent ſoixante hommes tant Officiers que Soldats, elle eſt reputée complette lorſqu'elle eſt à cent quarante-quatre hommes, Et quand elle ſe trouve dudit nombre de cent quarante-quatre hommes juſqu'à celuy de cent ſoixante, elle eſt payée pour les effectifs & pour vingt-ſept hommes au-delà par gratification; Lorſqu'elle eſt de cent trente hommes & au-deſſus juſqu'à cent quarante-trois incluſivement, elle eſt encore payée pour les effectifs, & pour ſeize hommes au-delà par gratification: Mais s'il arrive qu'elle ſoit au-deſſous de cent trente hommes, elle eſt ſeulement payée pour les preſens effectifs, Et le Capitaine ne peut pretendre aucune paye de gratification; Il luy doit eſtre de plus rabattu vingt livres ſix ſols par mois pour chacun des hommes qui luy manque dudit nombre de cent trente, dans lequel nombre d'hommes, dont chaque Compagnie dudit Regiment doit eſtre compoſée, ſont compris le Capitaine, un Lieutenant, un ſecond Lieutenant, un ſous-Lieutenant, un Enſeigne, ſix Sergens, un Chirurgien, quatre Trabans, quatre Tambours & un Fiffre, devant encore avoir dans ledit nombre ſix Caporaux, ſix Appointez avec cent vingt-ſept Soldats; Et les grands & bas Officiers marquez cy-deſſus, ſeront payez par le Capitaine à raiſon de cent cinquante livres par mois au Lieutenant, de cent vingt livres au ſecond Lieutenant, de quatre-vingt dix livres au ſous-Lieutenant, de ſoixante quinze livres à l'Enſeigne, de trente-cinq livres à chacun des deux premiers Sergens, de trente livres à chacun de deux autres Sergens, de vingt-cinq livres à chacun des deux derniers Sergens, & de vingt-cinq livres au Chirurgien: Sa Majeſté trouve bon auſſi de faire encore remettre audit Capitaine la ſomme de cent quarante-deux livres deux ſols par mois, pour appointer les porte-outils, & les plus anciens & apparans Soldats de ſa Compagnie; L'intention de Sa Majeſté eſtant qu'outre les Officiers cy-deſſus, il y ait auſſi un Capitaine Lieutenant dans les Compagnies, dont les Capitaines ont des Regimens, pour commander leſdites Compagnies en leur abſence, Et qu'ils payent leſdits Capitaines Lieutenans à raiſon de deux cens livres par mois.

SA MAJESTE' trouve bon auſſi que les demies Compagnies ſoient traitées à proportion des Compagnies entieres.

Quant aux Officiers de l'Eſtat Major dudit Regiment, ils ſeront payez à la maniere accoutumée, ſuivant les Eſtats que Sa Majeſté fera expedier à cette fin.

SA MAJESTE' entend à l'égard de ſes autres Troupes, qu'à la reſerve des Regimens Royal Artillerie, Et des Bombardiers, les Bataillons d'Infanterie Françoiſe ſoient de quinze Compagnies chacun, compris une Compagnie de Grenadiers; Et pour maintenir autant qu'il ſe pourra les Bataillons d'un meſme Regiment dans une égale force, Sa Majeſté en confirmant ce qui eſt porté par les précedentes Ordonnances, Veut que les Compagnies d'un Regiment qui a pluſieurs Bataillons, ſervent dans leſdits Bataillons ſuivant le rang des Capitaines; Que les Compagnies de Grenadiers ſoient miſes ſelon leur ancienneté, à la teſte du premier & des autres Bataillons dudit Regiment; Que la Compagnie Colonelle & celle du Lieutenant-Colonel, demeurent au premier Bataillon; Que la Compagnie du premier Capitaine ſoit dans le ſecond: Et dans les Regimens où il y a trois Bataillons, Que la Compagnie du ſecond Capitaine ſoit dans le troiſiéme, Et que les autres Compagnies ſoient ainſi diſtribuées ſuivant leur rang dans les Bataillons ; Voulant Sa Majeſté que le meſme ordre ſoit toûjours gardé dans tous les Regimens où il y a pluſieurs Bataillons, Et que quand il vacquera une Compagnie dans un deſdits Regimens, le Capitaine qui en ſera pourvû prenne avec ladite Compagnie la queuë du dernier Bataillon pour faire monter les autres Compagnies, afin qu'elles ſe trouvent dans les Bataillons où elles devront ſervir par leur rang.

VEUT auſſi Sa Majeſté qu'il y ait toûjours dans chaque Compagnie de ſon Infanterie, tant Françoiſe qu'Etrangere, ſix Outils propres à remüer la terre, que les Soldats porteront tour à tour avec leurs armes, pour accommoder les chemins & faciliter leur marche.

Les Compagnies deſdits Bataillons, à la reſerve de celles des Grenadiers, doivent eſtre compoſées chacune d'un Capitaine, un Lieutenant, un Enſeigne dans les Compagnies Colonelle & du Lieutenant-Colonel ſeulement, deux Sergens, trois Caporaux, trois Anſpeſſades, trente-un Fuſilliers & un Tambour ; Et elles ſeront payées à raiſon de cinquante ſols par jour au Capitaine, de vingt ſols au Lieutenant, de quinze ſols à l'Enſeigne des Compagnies Colonelle & des Lieutenans-Colonels des Regimens, de dix ſols à chaque Sergent, de ſept ſols à chaque Caporal, de ſix ſols à chaque Anſpeſſade, de cinq ſols ſix deniers à chacun des huit Fuſilliers appointez, compris les Porte-outils, Et de cinq ſols à chaque Fuſillier ou Tambour; Et le Capitaine outre l'appointement cy-deſſus recevra encore trois payes de gratification de cinq ſols chacune par jour, lorſque ſa Compagnie ſe trouvera complette de quarante hommes ſans les Officiers, deux deſdites payes lorſqu'il en aura trente-huit, & une ſeulement lorſqu'il n'en aura que trente-cinq, n'en pouvant pretendre aucune ſa Compagnie eſtant au-deſſous dudit nombre de trente-cinq.

La Compagnie des Grenadiers qui eſt à chaque Bataillon d'Infanterie Françoiſe, ſera compoſée d'un Capitaine, un Lieutenant, deux Sergens, trois Caporaux, trois Anſpeſſades, trente-un Grenadiers & un Tambour, Et ſera payée à raiſon de trois livres dix ſols par jour au Capitaine, de trente-deux ſols au Lieutenant, de onze ſols à chacun des deux Sergens, de huit ſols à chacun des trois Caporaux, de ſept ſols à chacun des trois Anſpeſſades, & de ſix ſols à chaque Grenadier ou Tambour; Et le Capitaine ayant ſa Compagnie complette de quarante hommes ſans les Officiers, recevra outre les appointemens ci-deſſus, trois payes de gratification de ſix ſols chacune par jour, deux deſdites payes quand elle ſera de trente-huit hommes, & une ſeulement ſi elle n'eſt que de trente-cinq, les Officiers non compris.

A l'égard du Regiment du Roy dont les Compagnies ſont preſentement entretenuës à quarante hommes, de meſme que celles des autres Regimens d'Infanterie Françoiſe, Sa Majeſté trouve bon que les Sieurs Dumont, Monteclair, Barſy, Villeneuve, Daligny, Karcadiou, Villevielle, Saint Hilaire, Rochemort, Nanclas, Lagoey, Roſmadeck, Pujol, La Cauſſade, Ganges, de Therre, Camaret, Lacour, Duvivier, Seſceville, Savigny, Levy, Leſpinoye, Bouſſat, Pierre Buffieres, Vaubadon, de Ham, de Valliere, Brignon, la Riviere, & le Chevalier de la Riviere Lieutenans reformez, qui ſont attachez dans les Compagnies des quatre Bataillons dudit Regiment, continuent d'y eſtre entretenus en cette qualité, & payez à raiſon de vingt livres par mois, ſans qu'ils y puiſſent eſtre remplacez à l'avenir, lorſque leurs Charges viendront à vacquer.

Les quatre Bataillons du Regiment Royal Artillerie, qui ſont compoſez chacun d'une Compagnie d'Ouvriers, de trois Compagnies de Canonniers, & de quatre Compagnies ſemblables à celles des autres Regimens ſeront payez, ſçavoir pour les Compagnies ordinaires de meſme que celles des autres Regimens, Et chacune deſdites quatre Compagnies d'Ouvriers dudit Regiment, qui eſt compoſée du Capitaine, de deux Lieutenans, deux Sous-Lieutenans, quatre Sergens, quatre Caporaux, ſix Anſpeſſades, ſoixante-quatre Fuſilliers-ouvriers & deux Tambours, ſera payée à raiſon de trois livres par jour au Capitaine, de quarante ſols à chacun des deux Lieutenans, de trente ſols à chacun des deux Sous-Lieutenans, de vingt ſols à chaque Sergent, de quinze ſols

à chaque

à chaque Caporal, de douze sols à chaque Anspessade, & de dix sols à chaque Fusillier-ouvrier ou Tambour : Le Capitaine, outre ce qui est marqué ci-dessus pour luy, recevra sept payes d'Ouvriers de dix sols chacune de gratification par jour, quand sa Compagnie se trouvera de quatre-vingt hommes sans les Officiers, six desdites payes lorsqu'elle sera de soixante-quinze, & quatre quand la Compagnie sera de soixante-dix, les Officiers non compris; Sa Majesté entendant qu'il ne reçoive aucune paye de gratification, si sa Compagnie se trouve au-dessous dudit nombre de soixante-dix.

Les trois Compagnies de Canonniers qui sont en chacun des quatre Bataillons dudit Regiment Royal Artillerie, seront composées chacune du Capitaine, d'un Lieutenant, un Enseigne dans la Compagnie Colonelle dudit Regiment, & d'un Sous-Lieutenant pour les autres Compagnies, deux Sergens, trois Caporaux, trois Anspessades, trente-un Canonniers & un Tambour, Et seront payées à raison de trois livres par jour au Capitaine, de trente sols au Lieutenant, de vingt sols au Sous-Lieutenant ou Enseigne, de seize sols à chaque Sergent, de dix sols huit deniers à chaque Caporal, de neuf sols sept deniers à chaque Anspessade, & de huit sols à chaque Canonnier ou Tambour ; Le Capitaine recevra outre ce qui est marqué ci-dessus pour luy, trois payes de gratification de huit sols chacune par jour, lorsque sa Compagnie sera de quarante hommes les Officiers non compris, deux desdites payes à trente-huit, & une seulement quand elle se trouvera à trente-cinq, n'en devant recevoir aucune quand elle sera au-dessous dudit nombre de trente-cinq.

Les quatre Compagnies de Canonniers qui ne sont attachées à aucun des Bataillons dudit Regiment Royal Artillerie, composées chacune du Capitaine, un Lieutenant, deux Sergens, trois Caporaux, trois Anspessades, trente-un Canonniers & un Tambour, seront payées à raison de trois livres par jour au Capitaine, de trente sols au Lieutenant, de seize sols à chaque Sergent, de dix sols huit deniers à chaque Caporal, de neuf sols sept deniers à chaque Anspessade, & de huit sols à chaque Canonnier ou Tambour : Le Capitaine recevra outre ſes appointemens trois payes de gratiſication de huit ſols chacune par jour, lorſque ſa Compagnie ſera de quarante hommes, les Officiers non compris, deux deſdites payes à trente-huit, & une ſeulement quand elle ſe trouvera à trente-cinq, n'en devant recevoir aucune quand elle ſera au-deſſous dudit nombre de trente-cinq.

Les Officiers des Eſtats Majors des Regimens d'Infanterie Françoiſe qui ont Prevoſté, ſçavoir, ceux des Regimens de Picardie, Champagne, Navarre, Piedmont, Normandie, la Marine, Leuville, Bourbonnois, Auvergne, Tallard, Bouſflers, du Roy, Royal, Lyonnois, Dauphin, Anjou, du Maine, la Reyne, Royal des Vaiſſeaux, Orleans, la Couronne, Artois, Condé, Bourbon Royal la Marine, Royal Artillerie, Royal Comtois, Toulouſe, Chartres, Conty & Enghyen, ſeront payez par jour à raiſon de trente-trois ſols quatre deniers au Colonel, de vingt ſols au Lieutenant-Colonel, cinquante ſols au Major, trente-trois ſols quatre deniers à l'Ayde-Major, qui ne pourra avec ladite Charge d'Ayde-Major avoir encore une autre Charge dans ledit Regiment, vingt ſols au Mareſchal des Logis, dix ſols à l'Aumônier, dix ſols aux Chirurgien, vingt-ſix ſols huit deniers au Prevoſt, treize ſols quatre deniers à ſon Lieutenant, huit ſols quatre deniers au Greffier, & cinq ſols à chacun des cinq Archers & à l'Executeur. Le Lieutenant Colonel du Regiment Royal Artillerie devant recevoir quarante ſols par jour au lieu de vingt ſols qui ſont ordonnez à chacun des autres Lieutenans Colonels, outre ſon appointement de Capitaine.

Les Officiers des Eſtats Majors des Regimens d'Infanterie Françoiſe où il n'y a point de Prevoſté, ſeront payez ſçavoir, le Colonel, le Lieutenant-Colonel, le Major, l'Ayde-Major, le Mareſchal des Logis, l'Aumônier & le Chirurgien, dont chacun deſdits Eſtats Majors eſt compoſé, des meſmes appointemens qui ſont cy-deſſus ordonnez aux meſmes Officiers des Regimens où il y a Prevoſté.

Le Commandant de chacun des Bataillons qui ne ſont point Chefs de Regimens, aura en cette qualité vingt ſols par jour, recevant d'ailleurs le meſme traittement que les

186.

Du 30. Decembre 1716

autres Capitaines du Bataillon : L'Ayde-Major qui est en chacun desdits Bataillons, où il ne pourra avoir que cette Charge, recevra trente-trois sols quatre deniers par jour, ainsi que le premier Ayde-Major du Regiment.

SA MAJESTÉ trouve bon de continuer aux Capitaines qui commandoient les second & troisiéme Bataillons qui ont esté incorporez dans les premiers Bataillons des mesmes Regimens, & qui y sont entrez avec leurs Compagnies, sçavoirs les Srs Soyn du Royal, Sainte-Marie du Dauphin, Aubery de la Reyne, Courcelles des Vaisseaux, Fernez de Bretagne, Castron du Perche, Cornoüailles d'Artois, Plemarais de Louvigny, d'Hilaire de Barrois, Tonnadou de la Fere, Sirmond de Beauvoisis, Tavam de Roüergue, Fenestre de Bourgogne, Danselme du Royal la Marine, de Grave de Vermandois, Freville de Languedoc, Rousset de Sourches, Dupré de Medoc, Desaunay de Gensac, Lombare du Royal Comtois, Guerin de Lyonne, Signier de Provence, la Lande de Laval, Douarne de Guyenne, du Bousquet de Lorraine, Acarel de Flandres, la Bussiere de Bearn, Vaillant Desaunay-d'Haynault, Fontaine de Boulonnois, Seve de Xaintonge, le Brun de Bigore, Tessier de Bresse, Termont de la Marche, Gontier de Quercy, la Tour de Nivernois, du Peret de Brie, du Fossé de Soissonnois, Saint Julien Fayet de l'Isle de France, Fleurian de Vexin, la Roque-d'Aunis, Cuigny de Beauce, du Hauzel de Luxembourg, Beauchesne de Bassigny, Boistaché de Ponthieu, Duydaniel de Solre, Larnage d'Ollonne, Landra de Perin, Jaussaud de Blaisois, Bellac d'Auxerrois, Ducluseaux d'Agenois, Boucher de Santerre & Vabois d'Enghien, les vingt sols par jour qu'ils ~~auroient~~ recevoient en qualité de Commandant desdits Bataillons, jusqu'à ce qu'ils parviennent à quelque Grade : Et Sa Majesté veut bien aussi les dispenser de monter la Garde dans lesdits Bataillons.

Le Regiment des Fusilliers Bombardiers du Roy, qui n'est pas compris entre les Regimens d'Infanterie Françoise, dont la solde est cy-dessus énoncée, & qui est composé de la Compagnie du S.r Destouches Lieutenant Colonel, de celle du S.r de la Roche, & de sept autres Compagnies ordinaires,

C ij

ladite Compagnie de Destouches devant estre composée du Capitaine, de deux Lieutenans, deux Sous-Lieutenans, un Enseigne, quatre Sergens, quatre Caporaux, six Anspessades, quarante Bombardiers, dix Ouvriers. vingt-quatre Fusilliers & deux Tambours, sera payée à raison de sept livres dix-sept sols par jour au Capitaine, de trente sols à chaque Lieutenant, de vingt sols à chaque Sous-Lieutenant, de vingt-deux sols six deniers à l'Enseigne, de douze sols à chaque Sergent, de huit sols à chaque Caporal, de sept sols à chaque Anspessade, de vingt sols à chacun des vingt anciens Bombardiers, de quinze sols à chacun de dix autres Bombardiers, de douze sols à chacun encore de dix autres Bombardiers, de dix sols à chaque Ouvrier, de six sols à chaque Fusillier, & de six sols à chaque Tambour; Et le Capitaine recevra outre l'appointement qui luy est cy-dessus ordonné, huit payes de gratification de six sols chacune par jour, lorsque sa Compagnie se trouvera depuis quatre-vingt-cinq hommes jusques à quatre-vingt-dix, les Officiers non compris.

Ladite Compagnie du S.r de la Roche doit estre composée du Capitaine, d'un Lieutenant, un sous-Lieutenant, deux Sergens, trois Caporaux, quatre Anspessades, dix Bombardiers, quarante Fusilliers & un Tambour, Et estre payée à raison de cinq livres par jour au Capitaine, de trente sols au Lieutenant, de vingt sols au sous-Lieutenant, de douze sols à chaque Sergent, de huit sols à chaque Caporal, de sept sols à chaque Anspessade, de douze sols à chaque Bombardier, & de six sols à chaque Fusillier & au Tambour, le Capitaine de ladite Compagnie devant recevoir, outre ses appointemens quatre payes de gratification de six sols chacune par jour, lorsque sa Compagnie sera de cinquante-cinq jusqu'à soixante hommes sans les Officiers.

Chacune des sept autres Compagnies dudit Regiment doit avoir un Capitaine, un Lieutenant, deux Sergens, trois Caporaux, trois Anspessades, trente-un Fusilliers & un Tambour, la premiere desdites sept Compagnies ayant un Enseigne; Et le Capitaine de chaque Compagnie sera payé à raison de trois livres par jour, le Lieutenant de vingt-cinq sols,

ſols, l'Enſeigne de la premiere Compagnie de vingt ſols ; chaque Sergent de douze ſols, chaque Caporal de huit ſols, chaque Anſpeſſade de ſept ſols, & chacun des trente-un Fuſilliers & le Tambour de ſix ſols. Le Capitaine recevra de plus trois payes de gratification de ſix ſols chacune, lorſque ſa Compagnie ſe trouvera de quarante hommes ſans les Officiers, deux quand elle ſera de trente-huit, & une ſeulement lorſqu'elle ne ſera que de trente-cinq, ſans que le Capitaine en puiſſe pretendre aucune ſa Compagnie eſtant au-deſſous dudit nombre de trente-cinq, les Officiers non compris.

Les Officiers de l'Eſtat Major dudit Regiment des Bombardiers, ſeront payez à raiſon de trente ſols par jour au Lieutenant Colonel, de trois livres au Major, de cinquante ſols à l'Ayde-Major, de vingt ſols au Mareſchal des Logis, de dix ſols à l'Aumônier, de dix ſols au Chirurgien, de vingt-ſix ſols huit deniers au Prevoſt, de treize ſols quatre deniers à ſon Lieutenant, de huit ſols quatre deniers au Greffier, & de cinq ſols à chacun des cinq Archers & à l'Executeur ; Et au S.r Romillé qui commandoit cy-devant le ſecond Bataillon dudit Regiment, les vingt ſols par jour qu'il recevoit en qualité de Commandant, juſques à ce qu'il parvienne à quelque Grade : Et Sa Majeſté a bien voulu auſſi le diſpenſer de monter la Garde dans ledit Regiment.

A l'égard des Officiers Reformez des Troupes d'Infanterie Françoiſe, ils ſeront payez de leurs Appointemens, ſuivant les Eſtats qui en ſont expediez & envoyez dans les Departemens où ils ſont.

Et les Ingenieurs entretenus en qualité de Capitaines & de Lieutenans Reformez à la ſuite d'aucun Regiment d'Infanterie, & qui ſont employez pour le ſervice de Sa Majeſté dans les Places, continueront d'y eſtre payez à raiſon de vingt-cinq ſols par jour au Capitaine Reformé, & de treize ſols quatre deniers au Lieutenant Reformé.

Les Regimens Royal Rouſſillon, Iſenghien & Nice, ayant eſté mis ſur le pied François à quinze Compagnies de quarante hommes chacune, recevront les meſmes appointemens, ſolde & payes de gratification que les Regimens d'Infanterie Françoiſe ; Et les Eſtats Majors deſdits Regimens ſeront auſſi traitez comme ceux des Regimens François qui ont Prevoſté.

Les S.rs Giminel & de la Louviere qui commandoient cy-devant, les ſecond & troiſiéme Bataillons dudit Regiment Royal Rouſſillon, recevront chacun vingt ſols par jour, tant qu'ils demeureront Capitaines en pied comme ils ſont dans ledit Regiment, & juſqu'à ce qu'ils parviennent à quelque Grade : Sa Majeſté voulant bien auſſi les diſpenſer de monter la Garde.

Les Officiers Reformez à la ſuite deſdits Regimens ſeront payez, ſçavoir les Colonels & Lieutenans Colonels ſuivant les ordres particuliers qui leur ſont expediez, les Capitaines à raiſon de quatre cens cinquante livres par an, & les Lieutenans de deux cens quarante livres.

La Compagnie Franche de Monaco ſera payée à raiſon de cinquante ſols par jour au Capitaine, de vingt-cinq ſols au Capitaine Reformé qui eſt en ladite Compagnie, de vingt ſols au Lieutenant, de quinze ſols à l'Enſeigne, de dix ſols à chacun des deux Sergens, de ſept ſols à chacun des trois Caporaux, de ſix ſols à chacun des cinq Anſpeſſades, de cinq ſols ſix deniers à chacun des dix appointez, & de cinq ſols à chaque Fuſillier juſqu'au nombre de trente compris un Tambour; Le Capitaine aura de plus quatre payes de gratification de cinq ſols chacune par jour, lorſque ſa Compagnie ſera compoſée de cinquante hommes, les Officiers non compris.

La Compagnie Franche de Sommery qui eſt aux Iſles Sainte Marguerite & de Saint Honorat, doit être compoſée du Capitaine, de deux Lieutenans, deux Sergens, un Caporal, un Anſpeſſade, & trente-un Soldats, & payée à raiſon de deux livres dix-huit ſols quatre deniers par jour au Capitaine, qui aura de plus auſſi par jour onze livres cinq ſols par augmentation d'appointemens, de trente ſols à chaque Lieutenant, & encore trente-trois ſols quatre deniers d'appointemens extraordinaires, de douze ſols à chacun des deux Sergens, de huit ſols au Caporal, de ſept ſols à l'Anſpeſſade, de ſix ſols à chaque Soldat; Et le Chapelain qui eſt avec ladite Compagnie, ſera payé à raiſon de ſeize ſols huit deniers par jour.

La Compagnie de Mineurs de Valiere qui eſt à trente hommes les Officiers non compris, ſera payée à raiſon de cinq livres deux ſols par jour au Capitaine, de trois livres ſix ſols huit deniers au premier Lieutenant, de cinquante ſols au ſecond Lieutenant, de quarante ſols à chacun des deux ſous-Lieutenans, de trente-trois ſols quatre deniers à chacun des quatre Commandans, de vingt-trois ſols quatre deniers à chacun des quatre Caporaux, de vingt ſols à chacun des vingt-un Mineurs, & de dix ſols au Tambour. Le Capitaine de ladite Compagnie aura deplus trois payes de gratification de dix ſols chacune par jour, lorſque ſa Compagnie ſera de trente hommes, les Officiers non compris.

La Compagnie de Mineurs de Francard qui eſt auſſi de trente hommes les Officiers non compris, ſera payée à raiſon de ſix livres par jour au Capitaine, de trois livres au premier Lieutenant, de cinquante ſols au ſecond Lieutenant, de quarante ſols à chacun des deux ſous-Lieutenans, de trente ſols à chacun des deux Sergens, de vingt ſols à chacun des deux Caporaux, de quinze ſols à chacun des ſeize anciens Mineurs, de dix ſols à chacun des neuf autres Mineurs, & de dix ſols au Tambour; Et le Capitaine recevra outre ſes appointemens trois payes de gratification de dix ſols chacune par jour, lorſque ſa Compagnie ſe trouvera de trente hommes ſans les Officiers.

La Compagnie de Mineurs de Lorme qui eſt à trente hommes les Officiers non compris, ſera payée à raiſon de ſix livres par jour au Capitaine, de trois livres au Lieutenant, de quarante ſols au ſous-Lieutenant, de trente ſols à chacun des deux Sergens, de vingt ſols à chacun des deux Caporaux, de quinze ſols à chacun des ſeize anciens Mineurs, de dix ſols à chacun des neuf autres Mineurs, & de dix ſols au Tambour; Et le Capitaine recevra outre ſes appointemens trois payes de gratification de dix ſols chacune par jour, lorſque ſa Compagnie ſe trouvera de trente hommes ſans les Officiers.

La Compagnie de Mineurs de Dabin qui eſt auſſi à trente hommes les Officiers non compris, ſera payée à raiſon de ſix livres par jour au Capitaine, de trois livres au Lieutenant, de quarante ſols au ſous-Lieutenant, de vingt ſols au premier Sergent, de ſeize ſols au ſecond Sergent, de dix ſols à chacun de trois Caporaux, de huit ſols à chacun des trois Anſpeſſades, & de ſept ſols à chacun des vingt-un Mineurs & au Tambour; Et le Capitaine recevra outre ſes appointemens trois payes de gratification de ſept ſols chacune par jour, lorſque ſa Compagnie ſe trouvera de trente hommes ſans les Officiers.

La Compagnie de Canoniers de Ferrand de Coſſay qui eſt compoſée de quarante hommes ſera payée à raiſon de ſix livres par jour au Capitaine, de quarante ſols au premier Lieutenant, de trente ſols au ſecond Lieutenant, de vingt ſols à l'Enſeigne, de vingt ſols à chacun des quatre Ouvriers, de ſeize ſols à chacun des deux Sergens, de onze ſols à chacun des trois Caporaux, de neuf ſols ſept deniers à chacun de trois Anſpeſſades, & de huit ſols à chacun des vingt-ſept Canonniers & au Tambour; Le Capitaine devant recevoir trois payes de gratification de huit ſols chacune quand la Compagnie ſera de quarante hommes, deux deſdites payes à trente-huit, & une ſeulement lorſqu'elle n'en aura que trente-cinq ſans les Officiers.

Les Compagnies de l'Hoſtel des Invalides qui ſont preſentement ſur le pied de ſoixante hommes, à la reſerve de celles Dargence, de Bellenger & de Breuze, dont il ſera parlé cy-aprés, ſeront payées à raiſon de cinquante ſols par jour au Capitaine, de vingt ſols à chaque Lieutenant, de dix ſols à chacun des trois Sergens, de ſept ſols à chacun des trois Caporaux, de ſix ſols à chacun des trois Anſpeſſades, & de cinq ſols à chacun des cinquante Soldats & au Tambour.

Leſdites Compagnies Dargence & de Bellenger dudit Hoſtel, qui doivent eſtre compoſées chacune d'un Capitaine, quatre Lieutenans, cinq Sergens, cinq Caporaux, cinq Anſpeſſades & de quatre-vingt quinze Soldats compris les Tambours, ſeront payées à raiſon de cinquante ſols par jour au Capitaine, de vingt ſols à chaque Lieutenant, de dix ſols à chacun des cinq Sergens, de ſept ſols à chacun des cinq Caporaux, de ſix ſols à chacun des cinq Anſpeſſades, & de cinq ſols à chacun des quatre-vingt quinze Soldats & Tambours.

Et

Et ladite Compagnie de Breuze qui eſt compoſée d'un Capitaine Commandant, d'un Capitaine en ſecond, de quatre Lieutenans, de trois Sergens, de trois Caporaux, de trois Anſpeſſades & de cinquante-un Soldats compris un Tambour, ſera payée a raiſon de cinquante ſols par jour au Capitaine Commandant & au Capitaine en ſecond, de vingt ſols à chaque Lieutenant, de douze ſols à chacun des trois Sergens, de neuf ſols à chacun des trois Caporaux, de huit ſols à chacun des trois Anſpeſſades, & de ſept ſols à chacun des cinquante Soldats & au Tambour.

Quant aux Troupes d'Infanterie Eſtrangere que Sa Majeſté trouve bon d'entretenir pendant la Paix, chaque Compagnie des Regimens Suiſſes de Villars, Brendlé, Caſtellas, Heſſy, Daffry, Dhemel, de Buiſſon & de Courten, pourra eſtre de cent ſoixante hommes, Et chaque homme ſera payé ſur le pied de ſeize livres par mois, dans lequel nombre de cent ſoixante hommes ſeront compris le Capitaine, un Capitaine-Lieutenant, un Lieutenant, un Sous-Lieutenant, un Enſeigne, quatre Sergens, un Porte-Enſeigne, un Fourrier, un Capitaine d'Armes & un Prevoſt; Leſquels grands & bas Officiers ſeront payez par le Capitaine à raiſon par chacun mois de cent livres au Capitaine-Lieutenant, de ſoixante-quinze livres au Lieutenant, de cinquante livres au Sous-Lieutenant, de quarante-ſept livres à l'Enſeigne, de vingt-cinq livres à chacun de deux des quatre Sergens, de vingt livres à chacun des deux autres Sergens, & vingt livres au Fourrier, de dix-huit livres au Porte-Enſeigne, de dix-huit livres au Capitaine-d'Armes, & de quinze livres au Prevoſt.

Chaque Compagnie Suiſſe devra auſſi avoir ſix Caporaux, ſix Anſpeſſades, & cent trente-cinq Fuſilliers compris les Tambours & Fiffres, eſtant à obſerver que dans les Compagnies des Capitaines qui en ont d'autres, le Capitaine-Lieutenant de celle où le Capitaine ne ſervira point, devra recevoir cent trente livres d'appointement par mois, Et qu'il devra y avoir auſſi deux Lieutenans qui auront chacun ſoixante-quinze livres par mois, outre le Sous-Lieutenant, l'Enſeigne & les autres Officiers marquez cy-deſſus.

Quoyque chaque Compagnie Suisse puisse avoir jusques à cent soixante hommes, elle sera néantmoins reputée complette lorsqu'elle se trouvera de cent quarante-quatre hommes tous les Officiers compris ; Et estant audit nombre de cent quarante-quatre hommes effectifs, & au-dessus jusques à cent soixante, le Capitaine recevra outre ce qui luy sera payé pour les effectifs, vingt-sept payes de Soldat de gratification ; Et quand elle sera de cent trente hommes & au-dessus jusques à cent quarante-trois inclusivement, il luy sera payé seize payes de gratification outre les effectifs : mais s'il arrive que la Compagnie se trouve au-dessous de cent trente hommes, elle ne sera payée que pour les effectifs, sans que le Capitaine puisse pretendre aucune paye de gratification.

Comme Sa Majesté a cy-devant fait joindre ensemble deux Compagnies Suisses de cent hommes, pour faire le service d'une Compagnie entiere, son intention est que le complet de deux desdites Compagnies qui sont à present reduites à quatre-vingt hommes chacune & jointes ensemble, soit aussi à cent quarante-quatre hommes, sans avoir égard si une des deux a plus d'hommes que l'autre dans les cent quarante-quatre qui s'y trouveront, Sa Majesté laissant aux Capitaines la liberté de s'accommoder entr'eux là-dessus: Elle trouve bon aussi que les Capitaines dont les Compagnies sont ainsi couplées, y servent alternativement pendant un an, Et que celuy des deux qui pourra s'absenter soit payé comme present ; Et parce qu'il y a plusieurs Compagnies qui sont jointes, dont les Capitaines ont d'autres Charges où il preferent de servir, & sont obligez d'avoir ausdites Compagnies des Capitaines pour les commander en leur absence, Sa Majesté veut bien aussi permettre ausdits Capitaines Commandans de s'absenter alternativement ; Et a ordonné que pendant l'année de leur absence, ils ne seront payez de leurs appointemens qu'à raison de cinquante livres par mois, au lieu que dans l'année de leur service ils les recevront à l'ordinaire sur le pied de cent trente livres par mois.

L'Estat Major de chacun desdits Regimens Suisses sera

payé à raison de mille livres par mois, dans le lieu où la Compagnie Colonelle dudit Regiment se trouvera.

La demie Compagnie Suisse de Schwitzer qui est de quatre-vingt hommes, doit avoir la moitié des Officiers qui sont cy-dessus marquez pour une Compagnie entiere, Et elle sera payée pour les presens & effectifs qui s'y trouveront jusques au nombre de quatre-vingt; quand il y aura soixante-douze hommes, & au-dessus jusques à quatre-vingt, le Capitaine recevra outre le payement des effectifs treize payes & demie de gratification, Et lorsqu'il aura soixante-cinq hommes jusques à soixante-onze inclusivement il touchera huit payes de gratification; Mais s'il arrive que sa Compagnie soit au-dessous de soixante-cinq, elle ne sera payée que pour les effectifs sans aucune paye de gratification.

Le quart de la Compagnie Suisse de Reynoldt qui a esté conservée à cinquante hommes les Officiers compris, doit avoir le quart des Officiers d'une Compagnie entiere, Et le Capitaine recevra sept payes de gratification outre le payement des effectifs quand il se trouvera depuis quarante-deux jusques à cinquante, & cinq payes de gratification lorsqu'il sera depuis trente-huit jusques à quarante-un inclusivement, sans que le Capitaine puisse pretendre aucune desdites payes de gratification, sa Compagnie se trouvant au-dessous dudit nombre de trente-huit, les Officiers compris.

S'il arrive qu'un Officier d'une Compagnie Suisse s'en absente sans congé, ou qu'il outrepasse celuy qui luy aura esté donné, il sera retenu sur la solde de la Compagnie huit places pour le Capitaine ou le Capitaine-Lieutenant absent sans congé, six places pour le Lieutenant ou le second Lieutenant, quatre pour le Sous-Lieutenant, & trois pour l'Enseigne, pour autant de jours que durera l'absence de l'Officier sans congé.

Les deux Bataillons du Regiment d'Infanterie Allemande d'Alsace, & les Regimens de Sparre cy-devant Greder, Lamarck, Lenck & Royal Baviere, qui sont composez de huit Compagnies de soixante-quinze hommes chacune, seront payez à raison de treize livres pour homme par mois; Quand une Compagnie desdits Regimens sera depuis soixante-dix hommes jusques à soixante-quinze, les Officiers non compris, le Capitaine recevra outre ce qui luy ſera payé pour les effectifs, huit payes de gratification de treize livres par mois, ſix deſdites payes lorſque la Compagnie ſera depuis ſoixante-cinq juſques à ſoixante-dix, quatre deſdites payes quand elle ſera depuis ſoixante juſques à ſoixante-cinq, & deux deſdites payes lorſqu'elle ſera depuis cinquante-cinq juſques à ſoixante; Et s'il arrive que la Compagnie ſoit au-deſſous dudit nombre de cinquante-cinq elle ne ſera payée que pour les effectifs, ſans que le Capitaine puiſſe pretendre aucune paye de gratification; Entendant Sa Majeſté que dans le nombre cy-deſſus de ſoixante-quinze hommes, ſoient compris un premier Sergent qui ſera payé ſur le pied de treize ſols par jour, deux autres Sergens de douze ſols chacun, un Fourrier de neuf ſols, un Capitaine-d'Armes auſſi de neuf ſols, deux Fourriers Schulz de huit ſols chacun, quatre Caporaux, & deux Tambours de ſept ſols chacun, huit Anſpeſſades de ſix ſols ſix deniers chacun, & cinquante-quatre Fuſilliers de cinq ſols ſix deniers chacun.

A l'égard des Officiers deſdites Compagnies, Sa Majeſté a trouvé bon de leur accorder encore par mois, ſçavoir à chaque Capitaine en pied outre leſdites payes de gratification quatre-vingt-dix livres, au Capitaine en ſecond ſoixante livres, au premier Lieutenant de chaque Compagnie cinquante-une livres, au ſecond Lieutenant quarante-cinq livres, & à un Lieutenant réformé & un Enſeigne par Compagnie trente livres.

Il ſera payé pour l'Eſtat Major de chacun deſdits Regimens mille livres par mois au Colonel, cent ſoixante livres au Lieutenant Colonel outre ſes appointemens de Capitaine, trois cens livres au Major qui ſera ſans Compagnie, & pour luy tenir lieu de la paye de Capitaine, cent livres à l'Interprete, quatre-vingt dix livres à l'Aide-Major de chaque Bataillon, quarante cinq livres à l'Aumônier, cinquante livres au Chirurgien, cinquante livres à l'Auditeur, vingt livres au Greffier, quarante livres au Prevoſt, vingt livres au Tambour Major, & dix-huit livres à chacun des deux Archers & à l'Executeur; Et au Commandant du ſecond Bataillon du Regiment d'Alſace ſoixante livres; Et au S.r Marion Capi-

taine

taine audit Regiment qui commandoit cy-devant le quatriéme Bataillon dudit Regiment ; Et aux S.rs de Frahan & de Laver qui commandoient les seconds Bataillons desdits Regimens de Lamarck & Lenck soixante livres, qui est la paye de Commandant de Bataillon que Sa Majesté à bien voulu leur continuer tant qu'ils demeureront Capitaines en pied comme il sont.

Les Colonels & Lieutenans Colonels Reformez entretenus à la suite desdits Regimens, seront payez à raison de seize cens quarante-deux livres dix sols par an, à la reserve de ceux ausquels Sa Majesté à fait expedier des ordres particuliers sur lesquels ils doivent estre payez.

Les Capitaines Reformez desdits Regimens, non compris ceux dont il sera parlé cy-aprés, seront payez à raison de sept cens vingt livres par an, & chaque Lieutenant ou Enseigne Reformé sur le pied de trois cens soixante livres; Entendant Sa Majesté que ceux desdits Capitaines Reformez qui estoient en pied dans lesdits Regimens de Sparre, de Lamarck & Lenck, & qui ont esté Reformez par la reduction des Bataillons desdits Regimens, soient payez en conformité des ordres qui leur seront expediez, sur le pied de quatorze cens quarante livres par an pendant quatre années seulement, pour leur faciliter le moyen de payer les dettes qu'ils ont esté obligez de contracter pendant la Guerre derniere, aprés lequel temps expiré ils n'auront plus que sept cens vingt livres par an, de mesme que les autres Capitaines Reformez.

Chacune des Compagnies du Regiment Royal d'Infanterie Italienne à la reserve de celle des Grenadiers doit estre composée du Capitaine, un Lieutenant, un Enseigne, deux Sergens, trois Caporaux, cinq Anspessades, dix Appointez compris les Porte outils, vingt-neuf Fusilliers & un Tambour, Et estre payez à raison de quatre livres par jour au Capitaine, de trente-deux sols au Lieutenant, de vingt-quatre sols à l'Enseigne, de quatorze sols à chacun des deux Sergens, de neuf sols dix deniers à chacun des trois Caporaux, de huit sols cinq deniers à chacun des cinq Anspessades, de huit sols cinq deniers au Tambour, de sept sols six deniers à chacun des dix Appointez, & de sept sols à chacun des vingt-neuf

Fusilliers; Sa Majesté entendant que quand la Compagnie sera de quarante-huit hommes effectifs sans les Officiers, le Capitaine reçoive cinq payes de gratification de sept sols chacune par jour, quatre lorsqu'elle sera à quarante-quatre, & trois quand elle ne se trouvera que de quarante, sans que ledit Capitaine puisse pretendre aucune paye de gratification, sa Compagnie estant au dessous dudit nombre de quarante, les Officiers non compris.

La Compagnie de Grenadiers dudit Regiment Royal Italien doit estre composée du Capitaine, d'un Lieutenant, un Sous-Lieutenant, deux Sergens, trois Caporaux, cinq Anspessades, trente-neuf Grenadiers & un Tambour, Et estre payée à raison de quatre livres seize sols par jour au Capitaine, de cinquante-un sols deux deniers au Lieutenant, de trente-deux sols au Sous-Lieutenant, de quinze sols à chacun des deux Sergens, de dix sols dix deniers à chacun des trois Caporaux, de neuf sols cinq deniers à chacun des cinq Anspessades, de huit sols à chacun des trente-neuf Grenadiers, & de neuf sols cinq deniers au Tambour; Le Capitaine touchera de plus cinq payes de gratification de huit sols chacune par jour quand sa Compagnie sera de cinquante hommes effectifs sans les Officiers, quatre desdites payes lorsqu'elle sera de quarante-cinq, & trois quand elle ne sera que de quarante.

L'Estat Major dudit Regiment sera payé à raison de treize livres six sols huit deniers par jour au Colonel, de trois livres quatre sols au Lieutenant-Colonel, de quatre livres au Major, de quatre livres à l'Interprete, de quarante-huit sols à l'Ayde-Major, de vingt-quatre sols au Mareschal des Logis, de trente-deux sols à l'Aumônier, de quinze sols au Chirurgien, de trente-deux sols au Prevost, de seize sols à son Lieutenant, de dix sols au Greffier, de six sols huit deniers à chacun des cinq Archers & à l'Executeur, & de huit sols au Tambour Major.

Les Officiers Reformez servant à la suite dudit Regiment y seront payez, sçavoir les Colonels à raison de douze cens livres par an, les Lieutenans-Colonels de mille livres, les Capitaines de sept cens vingt livres, & les Lieutenans de quatre cens trente-deux livres, à la reserve de ceux qui estoient

Enſeignes ou Sous-Lieutenans dans les Regimens de Mouroux & de Saint Second, leſquels ne ſeront payez que ſur le pied de trois cens livres.

Chaque Compagnie des Regimens d'Infanterie Irlandoiſe de Leé, Obrien, & D'Yllon, à la reſerve de celles des Grenadiers doit eſtre compoſée du Capitaine, d'un Capitaine Reformé, d'un Lieutenant, d'un Lieutenant Reformé, d'un Enſeigne dans chacune des Compagnies Colonelles & des Lieutenans-Colonels ſeulement, deux Sergens, trois Caporaux, trois Anſpeſſades, huit Appointez, treize Fuſilliers & un Tambour, Et eſtre payée à raiſon de cinq livres par jour au Capitaine, de trois livres ſix ſols huit deniers au Capitaine Reformé, de quarante-cinq ſols au Lieutenant, de trente ſols au Lieutenant Reformé, de trente-ſix ſols à l'Enſeigne de chacune des Compagnies Colonelles & des Lieutenans-Colonels, de douze ſols à chacun des deux Sergens, de huit ſols à chacun des trois Caporaux, de ſept ſols à chacun des trois Anſpeſſades, de ſix ſols ſix deniers à chacun des huit Fuſilliers appointez compris les Porte-outils, & de ſix ſols à chacun des treize Fuſilliers & au Tambour; Le Capitaine recevra de plus trois payes de gratification de ſix ſols chacune par jour lorſque ſa Compagnie ſera compoſée de trente hommes; deux quand elle ſera de vingt-huit, & une ſeulement lorſqu'elle ſera à vingt-cinq ſans les Officiers.

La Compagnie de Grenadiers qui eſt en chacun deſdits Regimens de Leé, Obrien, & D'Yllon, doit eſtre payée à raiſon de ſix livres par jour au Capitaine, de trois livres ſix ſols huit deniers au Capitaine Reformé, de trois livres dix ſols au Lieutenant, de trente ſols au Lieutenant Reformé, de treize ſols à chacun des deux Sergens, de neuf ſols à chacun des trois Caporaux, de huit ſols à chacun des trois Anſpeſſades, & de ſept ſols à chacun des vingt-deux Grenadiers compris le Tambour; Et le Capitaine recevra par jour trois payes de gratification de ſept ſols chacune, quand il aura trente hommes effectifs à ſa Compagnie ſans les Officiers, deux lorſqu'il en aura vingt-huit, & une quand elle ne ſera qu'à vingt-cinq, ſans que les Capitaines deſdits Regimens en puiſſent pretendre aucunes leurs Compagnies eſtant au deſſous dudit nombre de vingt-cinq.

L'Estat Major de chacun desdits Regimens de Leé, Obrien, & D'Yllon sera payé à raison par jour de treize livres six sols huit deniers au Colonel outre sa paye de Capitaine, de quarante-cinq sols au Lieutenant-Colonel aussi outre sa paye de Capitaine, de six livres treize sols quatre deniers au Major pour ses appointemens en ladite qualité, & pour luy tenir lieu de la paye de Capitaine, de cinq livres à l'Interprete, de trois livres à l'Ayde Major y compris la paye de Lieutenant, de quarante sols à l'Aumônier, de trente sols au Chirurgien Major, & de trente sols au Mareschal des Logis.

Les Officiers Reformez desdits Regimens de Leé, Obrien, & D'Yllon qui servent dans les Brigades qui en ont esté formées seront payez, sçavoir les Officiers qui estoient desdits Regimens de Leé, Obrien, & D'Yllon à raison de cent sols par jour au Colonel Reformé, de cent sols aussi par jour au Lieutenant-Colonel Reformé, de trois livres six sols huit deniers à chaque Capitaine Reformé, & de trente sols à chaque Lieutenant Reformé.

Et les Officiers qui sont sortis des Regimens d'Odonnel & de Galmoy, à raison de trois livres quinze sols par jour au Colonel Reformé, de trois livres quinze sols aussi par jour au Lieutenant-Colonel Reformé, de quarante-cinq sols dix deniers au Capitaine Reformé, & de vingt-un sols huit deniers au Lieutenant Reformé.

Chaque Compagnie des Regimens d'Infanterie Irlandoise de Dorington & de Berwick doit estre composée, à la reserve des Compagnies de Grenadiers, du Capitaine, d'un Capitaine Reformé, d'un Lieutenant, d'un Lieutenant Reformé, d'un Enseigne dans les Compagnies Colonelles & des Lieutenans Colonels seulement, deux Sergens, trois Caporaux, trois Anspessades, huit Appointez, treize Fusilliers & un Tambour; Et doit estre payée à raison de trois livres quinze sols par jour au Capitaine, de quarante-cinq sols dix deniers au Capitaine Reformé, de trente-deux sols six deniers au Lieutenant, de vingt-un sols huit deniers au Lieutenant Reformé, de vingt-cinq sols six deniers à l'Enseigne de chacune des Compagnies Colonelle & du Lieutenant-Colonel, de douze sols à chacun des deux Sergens, de huit sols à chacun des trois

trois Caporaux, de ſept ſols à chacun des trois Anſpeſſades, de ſix ſols ſix deniers à chacun des huit Appointez Fuſilliers compris les Porte-Outils, de ſix ſols à chacun des treize Fuſilliers & au Tambour; Le Capitaine recevra de plus trois payes de gratification de ſix ſols chacune par jour lorſque ſa Compagnie ſera compoſée de trente hommes, deux quand elle ſera de vingt-huit, & une ſeulement lorſqu'elle ſera de vingt-cinq ſans les Officiers.

La Compagnie des Grenadiers qui eſt en chacun deſdits Regimens de Dorington & de Berwick, doit eſtre payée à raiſon de quatre livres quinze ſols par jour au Capitaine, de quarante-cinq ſols dix deniers au Capitaine Reformé, de cinquante-un ſols au Lieutenant, de vingt-un ſols huit deniers au Lieutenant Reformé, de treize ſols à chacun des deux Sergens, de neuf ſols à chacun des trois Caporaux, de huit ſols à chacun des trois Anſpeſſades, & de ſept ſols à chacun des vingt-deux Grenadiers compris le Tambour; Et le Capitaine recevra par jour trois payes de gratification de ſept ſols chacune quand il aura trente hommes effectifs à ſa Compagnie ſans les Officiers, deux lorſqu'il en aura vingt-huit, & une quand elle ne ſera qu'à vingt-cinq, ſans que les Capitaines deſdits Regimens en puiſſent prétendre aucune, leurs Compagnies eſtant au-deſſous dudit nombre de vingt-cinq.

L'Eſtat Major de chacun deſdits Regimens de D'orington & de Berwick, ſera payé à raiſon de ſept livres dix ſols par jour au Colonel, de trente-deux ſols ſix deniers au Lieutenant-Colonel, de quatre livres onze ſols huit deniers au Major, de quarante-ſix ſols huit deniers à l'Ayde-Major, de vingt-cinq ſols au Mareſchal des Logis, de vingt-cinq ſols à l'Aumônier, de vingt ſols au Chirurgien, de vingt-ſix ſols huit deniers au Prevoſt, de treize ſols quatre deniers à ſon Lieutenant, de huit ſols quatre deniers au Greffier, & de cinq ſols à chacun des cinq Archers & à l'Executeur.

Les Brigades qui ſont compoſées des Officiers Reformez deſdits Regimens de D'orington & de Berwick, ſeront payées à raiſon de trois livres quinze ſols par jour au Colonel Reformé, de trois livres quinze ſols auſſi par jour au Lieutenant-Colonel Reformé, de quarante-cinq ſols dix deniers au Capitaine Reformé, & de vingt-un ſols huit deniers au Lieutenant Reformé.

Les Officiers Reformez du Regiment d'Infanterie Irlandoise de Bourck, qui servent à la Brigade qui reste dudit Regiment qui a passé en Espagne, seront payez à raison de quarante-cinq sols dix deniers par jour au Capitaine Reformé, & de vingt-un sols huit deniers au Lieutenant Reformé.

Les Officiers Reformez Irlandois qui sont en Languedoc, continueront d'y estre payez de leurs appointemens ordinaires.

Quant à la Gendarmerie & la Cavalerie, & aux Dragons, les Gardes du Corps de Sa Majesté qui servent à la Cornette, continueront d'estre payez à raison de six livres par jour à chaque Lieutenant, de cinq livres à chaque Enseigne, de trois livres à chaque Exempt, de trois livres à chaque Ayde-Major, de quarante sols à chaque Brigadier, de trente-cinq sols à chaque Sous-Brigadier, de trente-trois sols à chaque Garde, Trompette & Timballier, de quarante sols à l'Aumônier qui est en chacune des quatre Compagnies, & de vingt sols à chaque Chirurgien.

Les Grands Officiers de la Compagnie de Gendarmes du Roy devant estre payez de leurs gages & appointemens par les Tresoriers des Troupes de la Maison de Sa Majesté, il n'en sera point fait icy mention, non plus que des cinquante, tant Brigadiers & Sous-Brigadiers que Gendarmes, qui seront de Service prés de Sa Majesté, où ils seront payez suivant les Estats qui en seront expediez.

Chacun des Brigadiers, Sous-Brigadiers & Gendarmes qui serviront à la Cornette de ladite Compagnie de Gendarmes, jusques au nombre de cent cinquante, sera payé à raison de trente sols par jour, chacun des deux Trompettes aussi de trente sols; Et les sept Petits Officiers à la suite de ladite Cornette, à raison de vingt sols chacun par jour.

Les Grands Officiers de la Compagnie de Chevaux-Legers de la Garde du Roy, seront payez de leurs appointemens, aussi-bien que les cinquante Chevaux-Legers qui seront de Service, suivant les Estats qui en seront expediez.

Chacun des Brigadiers, Sous-Brigadiers & Chevaux-Legers de ladite Compagnie estant à la Cornette, jusqu'au nombre de cent cinquante, sera payé à raison de trente sols par jour, chacun des deux Trompettes aussi de trente sols,

Du 30. Decembre 1716.

Et chacun des sept Petits Officiers servant à la suite de ladite Cornette, à raison de vingt sols par jour.

La premiere Compagnie des Mousquetaires du Roy sera payée à raison de vingt livres par jour au Capitaine-Lieutenant qui aura encore dix livres par jour comme Lieutenant, chacun des deux Sous-Lieutenans sera payé à raison de six livres treize sols quatre deniers par jour, chacun des deux Enseignes de cinq livres, chacun des deux Cornettes aussi de cinq livres, chacun des huit Mareschaux des Logis de cinquante sols, chacun des quatre Brigadiers de quarante deux sols, chacun des seize Sous-Brigadiers de quarante sols, chacun des cent trente Mousquetaires de quarante sols, chacun des quatre Hautbois de cinquante sols, chacun des six Tambours de trente sols, & chacun des Aumônier, Chirurgien, Apoticaire, Fourrier, Sellier & Mareschal ferrant de trente sols.

La seconde Compagnie des Mousquetaires du Roy, sera payée sur le mesme pied que la premiere.

Les appointemens des Grands Officiers des Compagnies de Gendarmes Ecossois, Anglois, Bourguignons, de Flandres, de la Reyne, Dauphin, de Bretagne, d'Anjou, de Berry & de Monsieur le Duc d'Orleans, leur devant estre payez par lesdits Tresoriers des Troupes de la Maison de Sa Majesté, ne seront point icy employez.

Il sera payé à chacun des deux Mareschaux des Logis desdites dix Compagnies de Gendarmes quarante-six sols par jour, à chacun des deux Brigadiers vingt-six sols six deniers, à chacun des deux Sous-Brigadiers aussi vingt-six sols six deniers, au Porte-Etendart dix-huit sols quatre deniers, à chacun des trente Gendarmes quinze sols, & au Trompette vingt-deux sols: Il sera outre ce fourny une ration de fourage par jour à chaque Brigadier, Sous-Brigadier, Porte-Etendart, Gendarme & Trompette.

Il est entretenu un Timballier dans chacune des quatre premieres desdites Compagnies de Gendarmes, & chacun des quatre Timballiers sera payé à raison de vingt-deux sols par jour, & doit aussi recevoir une ration de fourage.

Chacune des Compagnies de Chevaux-Legers de la Reyne, Dauphins, de Bretagne, d'Anjou, de Berry & de Monsieur le Duc d'Orleans, sera payée à raison de neuf livres par jour au Capitaine-Lieutenant, sçavoir six livres pour l'appointement de Capitaine, & trois livres pour celuy de Lieutenant, au Sous-Lieutenant trois livres, au premier Cornette quarante-cinq sols, au second Cornette aussi quarante cinq sols, à chacun des deux Mareschaux des Logis quarante-six sols, à chacun des deux Brigadiers vingt-six sols six deniers, à chacun des deux Sous-Brigadiers vingt-six sols six deniers, au Porte-Etendart dix-huit sols quatre deniers, à chaque Chevau-Leger jusques au nombre de trente, quinze sols, & au Trompette vingt-deux sols, outre le fourage qui sera fourny aux Brigadiers, Sous-Brigadiers, Porte-Etendart, Chevaux-Legers & Trompette desdites Compagnies.

Il sera payé trente sols par jour à chacun des deux Aumôniers qui sont à la suite desdites Compagnies de Gendarmes & Chevaux Legers.

Les Officiers Majors de la Gendarmerie devant estre payez de leurs appointemens par lesdits Tresoriers des Troupes de la Maison de Sa Majesté, il n'en est point icy fait mention.

La Compagnie des Grenadiers à cheval du Roy sera payée à raison de dix livres par jour au Capitaine Lieutenant, de six livres à chacun des trois Lieutenans, de quatre livres à chacun des trois Sous-Lieutenans, de trois livres à chacun des trois Mareschaux des Logis, de quarante sols à chacun des six Sergens, de trente sols à chacun des trois Brigadiers, de vingt-cinq sols à chacun des six Sous-Brigadiers, de vingt-trois sols à chacun des six Appointez, de vingt-trois sols au Porte-Entendart, de vingt sols à chaque Grenadier jusqu'au nombre de cinquante-huit, & de vingt sols à chacun des quatre Tambours.

Les Grenadiers reformez & mis à pied par la reduction de ladite Compagnie, y seront entretenus à la suite & payez à raison de dix sols chacun par jour, suivant les reveües qui en seront faites par le Commissaire des Guerres qui en a la police.

Chaque Compagnie du Regiment Royal des Carabiniers doit estre payée à raison de six livres par jour au Capitaine, de trois livres au Lieutenant, de trente sols au Mareschal des Logis, de neuf sols à chacun des deux Brigadiers & de huit sols à chacun des vingt-trois Carabiniers, le Trompette & le Timbalier où il y en a compris, outre le fourage qui sera fourny

fourny à chaque Brigadier, Carabinier, Trompette & Timballier.

Il sera payé à l'Ayde-Major qui est en chacune des cinq Brigades dudit Regiment trois livres par jour.

Chacune des autres Compagnies de Cavalerie qui composent les Regimens François sera payée à raison de cinq livres par jour au Capitaine, de cinquante sols au Lieutenant, de vingt-six sols huit deniers au Mareschal des Logis, de dix sols à chacun des Cavaliers cy-devant Gardes du Corps de Sa Majesté qui se trouveront dans lesdites Compagnies, de huit sols à chacun des deux Brigadiers, & de sept sols à chacun des vingt-trois Cavaliers compris lesdits Gardes du Corps, un Trompette & le Timballier où il y en aura, & ce outre le fourage qui sera fourny aux Brigadiers, Cavaliers, Trompette & Timballier; Le Sous-Lieutenant qui est dans la Compagnie Colonelle du Regiment du Colonel General de la Cavalerie sera payé à raison de cinquante sols par jour, les Cornettes qui sont dans ladite Compagnie, & dans les Compagnies Mestres-de-Camp des Regimens du Mestre de Camp General, & du Commissaire General de la Cavalerie, le seront chacun à raison de trente-sept sols six deniers par jour.

L'Ayde-Major qui est en chacun desdits Regimens sera payé à raison de cinquante sols par jour.

Quant aux Officiers Reformez qui sont à la suite desdits Regimens de Cavalerie Françoise, ils doivent estre payez de leurs appointemens suivant les Estats qui en sont expediez & envoyez dans les Départemens où ils sont.

Le Regiment de Cavalerie Irlandoise de Nugent continuëra d'estre payé sur le pied des Regimens de Cavalerie Françoise, l'Aumônier qui a esté conservé dans ledit Regiment, y recevra trente sols par jour; Et les Officiers Reformez qui sont à sa suite, seront payez à raison de six livres deux seuls trois deniers par jour à chaque Mestre de Camp Reformé, de cinq livres seize sols huit deniers à chaque Lieutenant-Colonel Reformé, de quatre livres à chaque Capitaine, & de trente-huit sols onze deniers à chaque Lieutenant aussi Reformé.

Chaque Compagnie du Regiment Royal Allemand de Cavalerie doit estre payée à raison de six livres par jour au

Capitaine, de trois livres au Lieutenant, de trente ſols au Mareſchal des Logis, de neuf ſols à chacun des trois Brigadiers, & de ſept ſols à chaque Cavalier, Cadet, Trompette & Timballier, juſqu'au nombre de vingt-deux; Il ſera encore payé un ſol par jour à chaque Cadet qui paſſera en reveüe entre les Cavaliers, ſuivant le Certificat du Commandant du Regiment; outre la ſolde cy-deſſus ordonnée aux Brigadiers, Cavaliers, Cadets, Trompettes & Timballiers, le fourage leur ſera fourny par chacun jour en la maniere accoûtumée.

L'Eſtat Major dudit Regiment Royal Allemand ſera payé; à raiſon par jour de ſix livres treize ſols quatre deniers au Colonel, de cinq livres à chacun des deux Lieutenans-Colonels, de huit livres ſix ſols huit deniers au Major tant pour ſes appointemens de Major que pour luy tenir lieu d'appointement de Capitaine, de cinquante-trois ſols quatre deniers à chacun des deux Aydes-Majors, de vingt-ſix ſols huit deniers au Mareſchal des Logis, de trente-trois ſols quatre deniers au Prevoſt, de vingt-ſix ſols huit deniers à ſon Lieutenant, de vingt ſols au Greffier, de vingt-ſix ſols huit deniers au Chirurgien, & de quinze ſols à chacun des quatre Archers & à l'Executeur.

La Compagnie Colonelle du Regiment de Cavalerie Eſtrangere de Courcillon ſera payée à raiſon de ſix livres par jour au Capitaine, de quatre livres au Lieutenant, de trois livres à chacun des deux Sous-Lieutenans, de trente ſols au Mareſchal des Logis, de neuf ſols à chacun des trois Brigadiers, de huit ſols huit deniers à chacun des trois Sous-Brigadiers, & de ſept ſols à chacun des dix-neuf Cavaliers compris un Trompette, outre le fourage qui ſera fourny auſdits Brigadiers, Sous-Brigadiers, Cavaliers & Trompette.

Les autres Compagnies dudit Regiment de Cavalerie de Courcillon ſeront payées à raiſon de ſix livres par jour au Capitaine, de trois livres au Lieutenant, de trente ſols au Mareſchal des Logis, de neuf ſols à chacun des trois Brigadiers, & de ſept ſols a chacun des vingt-deux Cavaliers compris un Trompette, avec le fourage qui ſera fourny aux Brigadiers, Cavaliers & Trompettes.

L'Eſtat Major dudit Regiment de Courcillon ſera payé, à raiſon de dix livres par jour au Colonel, de cinq livres au

Lieutenant-Colonel, de trois livres six sols huit deniers à l'Ayde-Major, de cinquante sols au Mareschal des Logis, de trente sols au Greffier, de vingt sols à l'Aumônier, de trente-trois sols quatre deniers au Chirurgien, de quatre livres six sols quatre deniers au Prevost, tant pour luy que pour ses Archers & l'Executeur, de vingt sols au Timballier, & de douze sols au Mareschal ferrant.

Chaque Compagnie du Regiment de Cavalerie Estrangere de Rottembourg sera payée, à raison par jour de six livres au Capitaine, de trois livres au Lieutenant, de vingt-six sols huit deniers au Mareschal des Logis, de huit sols à chacun des deux Brigadiers, & de sept sols à chacun des vingt-trois Cavaliers compris le Trompette & le Timballier s'il y en a, outre le fourage qui sera fourny aux Brigadiers, Cavaliers, Trompette & Timballier.

L'Estat Major dudit Regiment de Rottembourg doit estre payé à raison de trois livres six sols huit deniers par jour au Colonel, de quarante sols au Lieutenant-Colonel, de trois livres à l'Ayde-Major, de treize sols quatre deniers au Chirurgien, de treize sols quatre deniers à l'Auditeur, & de sept sols six deniers au Greffier, à chacun des trois Archers & à l'Executeur.

Chaque Compagnie du Regiment de Houssars de Rattky doit estre payée à raison de six livres par jour au Capitaine, de trois livres au Lieutenant, de vingt-six sols au Mareschal des Logis, de neuf sols à chacun des deux Brigadiers, de sept sols à chacun des vingt-trois Houssars, le Trompette & le Timballier où il y en a compris, outre le fourage qui sera fourny aux Brigadiers, Houssars, Trompette & Timballier.

L'Estat Major dudit Regiment de Houssars de Rattky doit estre payé à raison de trois livres six sols huit deniers par jour au Mestre de Camp, de quarante sols au Lieutenant-Colonel, de trois livres à l'Ayde-Major, & de treize sols quatre deniers au Chirurgien.

Les Officiers Reformez qui sont à la suite desdits Regimens Royal Allemand, Courcillon & Rottembourg de Cavaillerie Estrangere, & de celuy de Houssars de Rattky seront payez, à raison de dix-huit cens livres par an à chaque Mestre de Camp & Lieutenant-Colonel Reformé, à la reserve de ceux ausquels il a esté expedié des ordres particuliers suivant, lesquels ils doivent eſtre payez, chaque Capitaine de mille quatre-vingt livres, & chaque Lieutenant de cinq cens une livres.

Les Regimens de Dragons ſeront payez, à raiſon de trois livres par jour au Capitaine de chaque Compagnie, de trente-trois ſols quatre deniers au Lieutenant, de dix-huit ſols au Mareſchal des Logis, de dix ſols à chacun des Dragons cy-devant Garde du Corps de Sa Majeſté qui ſe trouveront dans leſdites Compagnies, de ſept ſols à chacun des deux Brigadiers, & de ſix ſols à chaque Dragon juſqu'au nombre de vingt-trois par Compagnie, compris leſdits Gardes du Corps & un Tambour, outre le fourage qui ſera fourny aux Brigadiers, Dragons & Tambour.

Le Sous-Lieutenant qui eſt dans la Compagnie Generale du Regiment du Colonel General des Dragons devant eſtre payé à raiſon de trente-trois ſols quatre deniers par jour, chacun des deux Cornettes qui ſont, l'un dans ladite Compagnie Generale, & l'autre dans la Compagnie Meſtre de Camp du Regiment du Meſtre de Camp General des Dragons, à raiſon de trente ſols.

L'Eſtat Major d'un Regiment de Dragons ſera payé, à raiſon par jour de dix livres au Colonel, de trois livres au Major, & de quarante-cinq ſols à l'Ayde-Major.

Les Officiers Reformez de Dragons doivent eſtre payez de leurs appointemens, ſuivant les Eſtats qui en ſont expediez & envoyez dans les Départemens où ils ſont.

SA MAJESTE' dérogeant aux precedentes Ordonnances, en ce qui pourroit y avoir de contraire à la Preſente.

MANDE Et Ordonne Sa Majeſté aux Gouverneurs & à ſes Lieutenans Generaux en ſes Provinces, aux Gouverneurs ou Commandans dans ſes Villes & Places, aux Intendans en ſeſdites Provinces & ſur les Frontieres, aux Directeurs & Inſpecteurs Generaux ſur ſes Troupes, aux Commiſſaires de ſes Guerres, & à tous autres ſes Officiers qu'il appartiendra, de tenir la main à l'Exution de la Preſente. Fait à Paris le trente Decembre mil ſept cens ſeize; *Signé* LOUIS. *Et plus bas* PHELYPEAUX.

www.ingramcontent.com/pod-product-compliance
Ingram Content Group UK Ltd.
Pitfield, Milton Keynes, MK11 3LW, UK
UKHW021930190726
13853UKWH00002B/963